El Don de Gusty

Escrito e ilustrado por Suzanne Popp

Segunda edicion

ISBN-13: 978-1530809837

ISBN-10: 1530809835

Una porción de los ingresos se destina a apoyar centros preescolares en África del sur a través de VillageSteps.org.

El Don de Gusty

Apuntes sobre el tejón de miel

El tejón de miel es la criatura que no le teme a nada, según el libro de los records Guinness .

Su piel es elástica y gruesa, le protege de los dientes de los depredadores, de flechas y de picaduras.

Su piel es suave, por lo que, cuando lo atrapan puede escapar y hasta atacar al depredador.

Tiene garras largas, dientes afilados y mandíbulas increíblemente poderosas. Fácilmente pueden comerse una tortuga, incluyendo el caparazón!

Los tejones de miel son resistentes al veneno de serpientes. Pueden resistir mordeduras de víboras y cobras, incluso, después de haber sido mordido puede matarlas.

Cuando son mordidos por estas serpientes venenosas el tejón de miel sobrevive después de un breve tiempo de inconciencia. La mitad de la dieta del tejón de miel está constituida por serpientes.

El tejón de miel tiene una bolsa anal reversible que emite un gas de olor fuerte y sofocante, ellos utilizan esto contra leones y leopardos. Es su "don".

También son muy buenos escarbando para esconderse, sin importar la dureza de la tierra.

En el bosque de mopanis, cerca de la charca del cocodrilo, vivía un tejón de miel llamado Gusty.

Gusty amaba su casa en el arbusto.

Estaba llena de cosas divertidas y animales de todo tipo.

En algunos de los árboles altos vivian abejas. Cuando Gusty
probó la dulce miel le gustó más que ninguna otra comida. Su tío
a veces traía miel y un dia Gusty le preguntó cómo encontrarla,
su tío se rió y dijo "cuando seas mayor, Gusty, sabrás lo que los
tejones de miel podemos hacer. Sabrás cuál es tu don."

Gusty caminaba por el sendero cerca del borde del bosque deseando tener un amigo.

Le gustaban los elefantes porque se ayudaban unos a otros a llegar a las ramas para comer. Cuando él les habló salieron corriendo.

HARUMPH! Que olor!

A la sombra de la acacia, estaba el kudu gigante refugiándose del calor del mediodía. Cuando Gusty se acercó, el kudu dio un enorme salto y se escapó haciendo "clic" con sus puntiagudas pesuñas.

Gusty apenas pudo ver el kudu, pues saltó tan lejos y tan rápido.

Nadie parecía querer hablar con él o ser su amigo.

Fue entonces, que Gusty miró hacia arriba a una rama que le cerraba el paso.

Allí estaba un pájaro que agitó sus alas, pero no se fue volando.
"Miel", dijo el pájaro. "Miel! Rápido, rapido!"

Gusty miró extrañado al pájaro.

"Hola. Soy Percy, el guía de la miel. Los otros pájaros se rien de mi porque tengo muy bien corazón. Me llaman Percy el misericordioso. Verás, yo soy muy bueno. No quiero hacerle daño a las abejas, solo quiero compartir un poco de su miel.

Puedes ayudame, porque tú tienes el don!

Yo puedo encontrar la miel, y tú, lo que tienes que hacer es recogerla.

¿Suena justo?"

Gusty estaba agradecido.

Él no sabía cuál era su don, pero cuando pensó en la miel, su cola se levantó y le salió un enorme gas.

Percy se echó a reír con deleite y dijo - "Sí, tienes un don poderoso."

"Ven conmigo," dijo Percy con voz fuerte.   "Seremos socios".

Gusty siguió el pájaro a través del bosque de mopanis hasta los limites con el prado.

Gusty desde la tierra vio a Percy en una rama de un enorme baobab. Percy lo alentó a subir.

Era el árbol más alto que Gusty había subidó.

Cuando llegó en lo alto a una rama fuerte, Percy aleteó apuntando al nido de abejas, justo frente a él y dijo.

"¡Rápido rápido! ¡Utiliza tu don! "

Cuando Gusty vio lo alto que estaba, se puso muy nervioso y sin darse cuenta, levantó su cola y un enorme gas salió de él. Al instante, las abejas comenzaron a caer por todas partes aturdidas por el fuerte olor.

Gusty y Percy recolectaron la miel y la llevaron a una parte sombreada cerca de un claro. Se sentaron juntos en el suelo y compartieron la miel.

" Percy , ha sido muy bueno descubrir mi don ", dijo Gusty .

" Gusty , ha sido un placer trabajar juntos", dijo Percy .

Y así se convirtieron en los mejores amigos.

Fin

AGRADECIMIENTOS

Un agradecimiento especial a Rosa Hernández, Darlim L. Valle, and José Cruz Garcia que tradujeron esta historia al español.

Mi más profundo agradecimiento al equipo de guardianes, guías de safari, y a Internet que proporcionaron una valiosa información y a la hermosa Botswana, donde pudimos ver en su hábitat nuestro primer tejón de miel.